LA
CONSÉCRATION
DE MON FILS

Par Alfred BIANQUIS,

Pasteur de l'Eglise réformée.

ROUEN
IMPRIMERIE LÉON DESHAYS
Rue Saint-Nicolas, 28 et 30
—
1876

LA
CONSÉCRATION

DE MON FILS

Par Alfred BIANQUIS,

Pasteur de l'Eglise réformée.

ROUEN

IMPRIMERIE LÉON DESHAYS

Rue Saint-Nicolas, 28 et 30

—

1876

Je n'avais nullement la pensée de publier le discours que j'ai prononcé à l'occasion de la Consécration de mon fils. Dans cette circonstance, si solennelle et si émouvante pour un père, j'avais surtout laissé parler mon cœur; j'avais essayé de donner, sans aucune prétention, quelques conseils puisés dans une expérience de vingt-cinq années de Ministère; j'avais aussi, sans hésiter, fait quelques emprunts à un penseur distingué, à un éminent chrétien, à un théologien dont l'esprit à la fois si large et si positif peut exercer une si heureuse influence sur nos Pasteurs : M. Vinet, — dans son beau livre sur la *Théologie pastorale,* que je ne saurais trop recommander à la méditation de mes jeunes collègues et des candidats au saint Ministère.

Il n'y avait là rien qui pût intéresser, semblait-il, un autre public que celui auquel étaient directement adressées ces paroles.

Mais, avant d'exercer mon ministère à Rouen, j'ai été, pendant dix-huit années, l'un des Pasteurs de l'Eglise du Vigan, et j'ai laissé dans le Midi des parents nombreux et affectionnés. La distance les a empêchés d'assister à une fête religieuse qui était aussi une fête de famille, quoique Dieu nous ait accordé la grâce d'y voir participer un représentant de notre chère famille méridionale, et un Pasteur de notre chère première paroisse.

Plusieurs membres de mon ancien troupeau et plusieurs parents m'ont exprimé le désir de pouvoir s'associer aux émotions d'une journée, pendant laquelle ils avaient été avec nous de cœur et par la prière, en lisant le sermon de Consécration, qu'ils m'ont demandé de faire imprimer.

J'ai cru devoir céder à un tel désir, qui me touchait profondément ; et c'est pour vous, parents bien-aimés, chers amis du Midi, paroissiens dont le souvenir reste si vivant dans mon cœur, que je livre à l'impression le récit de la Consécration de mon fils.

Le sentiment qui vous a dicté la demande à laquelle je cède justifie seul cette publication.

J'ose espérer que vous l'accueillerez aussi avec la bienveillante affection que vous n'avez cessé de me témoigner, depuis que Dieu m'a appelé au milieu de vous, chers paroissiens de Rouen, qui nous avez particulièrement entourés dans cette circonstance d'une sympathie à laquelle nous avons été bien sensibles, et dont je suis heureux d'avoir l'occasion de vous témoigner toute notre reconnaissance.

Alfred BIANQUIS.

LA
CONSÉCRATION DE MON FILS

Le Consistoire de l'Eglise réformée de Rouen, d'après une délibération précédemment prise, se trouvait réuni le 7 novembre 1876, pour procéder à la consécration au saint Ministère du fils de l'un de ses pasteurs, M. Jean Bianquis, élève de la Faculté de Théologie de Montauban.

M. le pasteur Roberty, président du Consistoire, M. le pasteur Monchatre, d'Elbeuf, et 20 autres Pasteurs (1) avaient bien voulu apporter leur précieux concours à cette solennité que devait présider le père du candidat, M. le pasteur Alfred Bianquis.

A deux heures, le cortége est entré dans le temple, et M. le pasteur N. de Visme a ouvert le service par la Confession des péchés et la lecture de fragments choisis des Saintes Ecritures.

Puis il a indiqué le chant de trois versets du Psaume 118, et il a cédé la chaire à M. le pasteur Roberty, qui a présenté à Dieu une prière émue et chaleureuse pour implorer sa sainte et puissante bénédiction sur la cérémonie solennelle qui allait s'accomplir.

(1) Ces pasteurs étaient : MM. Sohier de Vermandois, Bonnard, René, Huraut, Amphoux, Maurel, Fr. Puaux, Hardy, Saltet, Roller, Meyer, Bott, H. Paumier, Puaux père, W. Monod, Bruguière, de Visme, Puyroche, Bleynie et Paul. M. J. Vulliamy, délégué du Conseil presbytéral de Marsauceux au Consistoire de Paris, et M. D. Bourchenin, candidat en théologie, étaient venus apporter au récipiendaire le témoignage de leur sympathie et de leur affection.

Pendant le chant des deux premiers versets du cantique 26 des Chants Chrétiens, **M.** le pasteur Alfred Bianquis est monté en chaire; il a lu le chapitre 1ᵉʳ de la 1ʳᵉ Epître de saint Jean, et indiqué le verset 2, comme le texte de son sermon.

> La vie a été manifestée, nous l'avons vu et nous en sommes témoins, et nous vous annonçons la vie éternelle qui était auprès du Père et qui nous a été manifestée.

Mes Frères,

L'acte solennel, en vue duquel nous sommes réunis, présente un caractère particulier qui peut se rencontrer seulement dans les Eglises issues de la Réforme; et, pour y prendre part avec la double qualité que ne saurait oublier celui qui vous parle, il faut être pasteur protestant.

Voici plusieurs conducteurs de nos Eglises assemblés pour consacrer au Seigneur un jeune homme qui, désireux de se vouer à son service, a fait dans ce but des études spéciales et, sur le point d'être appelé à diriger une paroisse, vient affirmer librement sa vocation, qu'il demande à l'Eglise de reconnaître, de constater, de sanctionner, afin d'être admis parmi les Ministres de Jésus-Christ, et de pouvoir dès lors paitre le troupeau qui lui sera confié, au nom du Seigneur, avec son secours, et conformément à sa Parole révélée dans les Saintes Ecritures.

Mais, à ce caractère de libre volonté de la part de celui qui s'engage au service de Dieu, s'en joint un autre emprunté à la position de celui qui lui adresse la parole et qui lui est attaché par les liens si étroits et si saints de la paternité. Ainsi, la solennité de ce jour devient en quelque manière une fête de famille.

Ce dernier caractère ne saurait se rencontrer dans l'Eglise

catholique romaine, qui impose le célibat à ses prêtres ; et la liberté de vocation n'existait pas chez l'ancien peuple de Dieu, où tous les descendants d'Aaron étaient appelés par leur naissance même à faire partie du corps sacerdotal.

Pasteur de l'Eglise chrétienne réformée, c'est à toi, mon fils, que je vais parler du Ministère évangélique, que j'exerce depuis plusieurs années, et dans lequel tu as, dès longtemps, ambitionné d'entrer. Tâche bien sérieuse à la fois et bien douce !... dont j'ai été jaloux de me charger, malgré le sentiment de ma faiblesse, et la conviction qu'elle eut été mieux remplie par tel autre de mes collègues. Mais j'ose compter sur la sympathie chrétienne de cette assemblée, et en particulier sur la vôtre, mes chers collaborateurs dans l'œuvre du Ministère. J'ai besoin surtout d'être puissamment aidé et soutenu par le Seigneur ; et je le prie de me diriger afin que cette journée, spécialement bénie pour toi, mon fils, dans l'âme duquel elle doit demeurer gravée comme la plus solennelle de toute ta vie, le soit aussi pour nous tous, Pasteurs auxquels elle rappelle les engagements déjà pris, et fidèles qui s'associent avec émotion à l'entrée dans la carrière d'un nouveau serviteur de Dieu.

Demandons-le tous, mes Frères, d'un même cœur.

Tout à l'heure, avant de prendre les engagements que notre Eglise réclame de ceux qui aspirent à la charge du Ministère évangélique, tu déclareras toi-même, mon fils, les motifs qui t'y poussent et l'esprit dans lequel tu désires l'exercer.

En effet, dans notre Eglise de foi et de liberté, dont les conducteurs se recrutent par une adhésion volontaire, il faut une vocation personnelle et sérieuse, sans laquelle le Ministère dégénérerait en une simple fonction, pour ne pas dire un vulgaire métier. Je veux donc t'exhorter solennellement à sonder ton cœur et à te rendre compte de ta vocation, en plaçant devant toi ce qui me semble constituer l'excellence du Ministère évangélique, ce qui marque à la fois le but que tu dois poursuivre et les conditions nécessaires pour y parvenir.

« La vie a été manifestée, dit saint Jean, nous l'avons vu et
« nous en sommes témoins, et nous vous annonçons la vie éter-
« nelle qui était auprès du Père, et qui nous a été manifestée. »
Tel doit être aussi le langage du Ministre de Jésus-Christ.

La vie!... N'est-ce pas ce que nous désirons tous? Vivre, et non pas seulement être, jouir, végéter; mais sentir, penser, agir, se développer et se rendre utile; — vivre, et non pas seulement pendant les quelques jours, incertains et mélangés de maux, que nous avons à passer ici-bas; mais longtemps, encore, toujours, posséder la vie éternelle!... Ah! n'est-ce pas le grand besoin de toute âme d'homme?

Le Ministre de Jésus-Christ est chargé d'annoncer la vie éternelle. — Dès lors, ne peut-on pas dire que son œuvre, bien conçue, est la première des œuvres humaines, puisqu'elle donne sa plus haute signification à notre existence, et qu'ouvrant devant nous de si belles perspectives elle répond aux aspirations les plus saintes de l'humanité?

Mais le monde, auquel le serviteur de Christ est chargé d'annoncer la vie éternelle, le monde est « naturellement mort, » d'après l'Ecriture (1), et nous ne saurions de nous-mêmes lui rendre la vie. La vie est en Dieu. Seul, il en est le principe et le dispensateur; il nous l'a manifestée en Christ qui était auprès de lui; il peut seul la communiquer; et, pour devenir entre ses mains des instruments de vie, il faut que lui-même nous y appelle, ce qui faisait dire à J. Newton : « Celui-là seul qui a créé le monde peut faire un Ministre de l'Evangile. »

Malheur au Ministre qui n'a pas la vocation de Dieu! Il n'est pas seulement malheureux, il est coupable. Mercenaire et larron, selon la parole du Christ (2), il n'entre pas dans la bergerie par la porte, mais par la brèche. Le serviteur de Dieu ne va pas de lui-même; son Maître l'appelle, et il doit répondre : « Me voici,

---

(1) Ephès., II, 1 à 7. Colos., II, 13 à 15.
(2) Jean, x, 1.

Seigneur, envoie-moi (1). » Que dis-je? Le juste sentiment de l'excellence même de l'œuvre, et de sa propre faiblesse, « qui est suffisant pour ces choses (2)? » le porte à s'écrier : « Envoie qui tu dois envoyer (3). » C'est alors que le Seigneur le pousse en avant, en lui disant : « Va, avec cette force que tu as; ne t'ai-je pas envoyé (4)? Ma grâce te suffit (5). » Et il ne peut plus reculer, quelle que soit la grandeur de la tâche.

Il n'entre pas dans une caste à part. Il s'engage, comme tout chrétien, mais d'une manière spéciale, à « annoncer les vertus de Celui qui nous appelle des ténèbres à sa merveilleuse lumière (6). » Il n'est que ce que doivent être tous les chrétiens, mais il l'est par excellence. Il ne fait que ce que doivent faire tous les chrétiens, mais il le fait habituellement et avec un degré d'autorité proportionné à ce qu'on suppose de connaissances et d'aptitudes chez un homme qui se voue uniquement à cette œuvre. Sur lui pèse une grande responsabilité, car il est en quelque manière l'enseigne, l'étendard du Christianisme au milieu du monde. Celui-ci juge la religion d'après ses sectateurs, combien plus d'après ses Ministres. Aussi, tandis qu'un bon Pasteur peut inspirer quelques préventions favorables à l'Evangile, un mauvais Pasteur en inspire beaucoup plus sûrement de fâcheuses; et ce qu'un bon Pasteur a de mauvais efface aisément tout ce qu'il a de bon.

Pensée terrible, mais juste! Elle peut nous faire trembler; nous ne saurions nous en plaindre. Il faut cesser d'être Ministre de Jésus-Christ, ou tendre à être ce qu'exigent Dieu, l'Eglise et le monde : un chrétien modèle. — Pensée qu'il te faut envisager bien en face pour t'interroger sur ta vocation, mon fils; car tu ne dois pas craindre de placer trop haut ton idéal. Hélas! nous tendons toujours à descendre.

---

(1) Esaïe, vi, 8.
(2) II Cor., ii, 16.
(3) Exode, iv, 13.
(4) Juges, vi, 14.
(5) II Cor., xii, 9.
(6) I Pier., ii, 9.

A l'heure présente, le Ministère est particulièrement difficile dans notre chère Eglise réformée de France, si éprouvée depuis sa fondation, et si menacée de nos jours, soit par la tendance générale des esprits, soit par la crise intérieure qu'elle traverse. Mais, si tu es appelé de Dieu, mon fils, les difficultés de la situation ne sauraient te faire reculer ; elles ne peuvent qu'enflammer ton zèle, car elles réclament les effets de ton amour.

Quand la patrie est malheureuse ou en danger, ses enfants l'abandonnent-ils, demeurent-ils tranquilles à leur foyer? N'est-ce pas alors que se lèvent ses plus ardents, ses plus généreux défenseurs? — En serait-il autrement de la patrie spirituelle ? Plus l'Eglise est dans une position critique, plus elle a besoin de serviteurs dévoués et fidèles, capables de répandre la vie autour d'eux.

On ne communique que ce que l'on a ; et, pour annoncer la vie éternelle, il faut d'abord la posséder. « Nous l'avons vu, dit saint Jean, et nous en sommes témoins; nous vous annonçons la vie éternelle qui était auprès du Père, et qui nous a été manifestée. »
C'est Christ qui nous a manifesté la vie éternelle, et c'est par la foi, la vue du cœur, que unis à Christ et par lui à Dieu, nous possédons la vie que nous devons entretenir en nous soigneusement, veillant sur notre âme, travaillant sans cesse à notre développement spirituel. « Prenez garde *à vous-mêmes,* » disait saint Paul aux Pasteurs réunis à Milet (1), et à Timothée : « Prends garde *à toi-même* et à l'instruction, persévère dans ces choses, car ainsi tu te sauveras toi-même et ceux qui t'écoutent (2). »

Le Pasteur a particulièrement besoin de veiller sur lui-même et sur sa vie spirituelle, en se recueillant dans la retraite devant Dieu. — Il apprendra ainsi à se bien connaître et à bien discerner sa route, car « telle voie paraît droite à l'homme, dont

(1) Actes, xx, 28.
(2) I Tim., iv, 16.

les issues mènent à la mort (1). » Sans errer sur le but à poursuivre, on peut se tromper sur les moyens à employer, et, avec les meilleures intentions, aboutir à de déplorables résultats, surtout au milieu de l'action où l'on subit des entraînements presque inévitables. Or, combien ne doit-il pas soigneusement « balancer le chemin de ses pieds (2), » le Ministre de Jésus-Christ qui, par sa position même, peut entraîner beaucoup d'âmes dans la voie qu'il suit.

Le Pasteur a besoin de se recueillir devant Dieu pour sonder sa Parole et écouter ce que le Maître a à lui dire. — Ce n'est pas en effet sa propre pensée qu'il doit faire connaître, mais la pensée de Dieu. Il ne doit pas la répéter machinalement, mais l'exposer avec fidélité, après se l'être appropriée lui-même. Il cherche dans la Bible, non-seulement des textes pour ses discours ou des exhortations à redire aux autres, mais son inspiration, sa force, sa nourriture; et de la manière dont on s'assimile cette Parole de Dieu dépendent les effets que produit la prédication, creusant parfois de profonds sillons quoiqu'elle soit extérieurement faible, ou charmant comme une musique, sans émouvoir réellement, malgré les talents et l'éloquence de l'orateur.

Le Pasteur a besoin de se recueillir pour parler à Dieu, pour prier. — Et à qui demanderait-il la vie si ce n'est à Celui qui en est l'auteur et la source? Dans quel cœur verserait-il le secret de ses doutes et de ses faiblesses, de ses lâchetés et de ses défaillances? De qui réclamerait-il des conseils, lui qui doit en donner? De qui le don des miracles, qui lui est nécessaire, car tout est miracle dans son œuvre, dont le but est de ressusciter des morts, de communiquer aux âmes la vie éternelle? Et, quand il a vainement supplié le pécheur de se réconcilier avec Dieu, qui pourrait-il supplier d'agir sur ce cœur qui demeure fermé? La prière d'intercession est un office pour le Pasteur ; c'est ce qui lui reste du sa-

---

(1) Prov., xiv, 12.
(2) Prov., iv, 26.

cerdoce. Le front baissé, le cœur plein d'amour et ferme dans sa foi, il entre dans son lieu secret comme le pontife des anciens jours dans le Lieu saint, pour offrir à Dieu les mérites infinis de Jésus-Christ et lui rappeler ses promesses en intercédant pour son peuple. « J'ai prié pour toi, disait Jésus à Simon-Pierre, afin que ta foi ne défaille point (1). » Les Apôtres faisaient sans cesse mention de leurs troupeaux dans leurs prières, auxquelles ils déclaraient avoir besoin de *vaquer* (2). L'on dit parfois : Qui travaille prie ; il est bien plus exact de dire du Pasteur : Qui prie travaille ; car il réclame, et il obtient, le secours de Celui qui peut faire réussir son travail ; en même temps qu'il entretient sa propre vie spirituelle dans cette pure et sainte atmosphère dont il s'entoure pour se mêler ensuite à la vie extérieure, comme s'entoure de l'air indispensable à la vie le plongeur, pour descendre dans les profondeurs de l'Océan.

« Rallume le don de Dieu qui est en toi et que tu as reçu par l'imposition des mains, » disait saint Paul à Timothée (3). La vie chrétienne est une lampe qui a besoin d'être alimentée. Sous peine de ressembler à ces eaux stagnantes qui se corrompent en croupissant, la vie chrétienne a besoin de se développer, de s'étendre. Or, l'activité extérieure, même pour les choses religieuses et pour les soins du Ministère, n'assure pas ce développement. C'est le contraire qui est plutôt vrai. — En étant fréquemment répétés, les saints actes de notre Ministère tendent à perdre de leur sublimité. La force de l'habitude peut nous porter à prêcher sans émotion, à rester froid devant des familles en deuil, à redire machinalement à un malade ou à un mourant des vérités souvent présentées. Tandis que la pratique donne au médecin du corps un coup d'œil plus sûr, une main plus ferme, un esprit plus ibre, parce que son cœur devient moins sensible ; il ne faut pas

---

(1) Luc, xxii, 32.
(2) Rom., i, 9; Ephès, i, 16; I Thes., i, 3. — Act. vi, 4.
3) II Tim., i, 6.

que l'exercice du Ministère ôte rien de la vivacité de ses sentiments au médecin de l'âme. C'est par le cœur qu'il opère, lui, et sur le cœur des autres. Rien ne lui serait plus funeste que de laisser émousser son cœur, et ce sont les instruments les plus délicats qui s'émoussent le plus aisément. — Que Dieu te préserve, mon fils, de perdre jamais la fraîcheur de tes sentiments chrétiens, ce qui ferait ressembler ta parole à « une cymbale retentissante (1). » Mieux vaudrait être toujours muet que de parler parce que le métier le veut.

Mais comment entretenir ce que l'Apôtre appelle « la vie cachée avec Christ en Dieu (2), » tandis que la nécessité de l'action s'impose impérieusement au Pasteur ? — Il n'a pas seulement à posséder la vie et à sauver son âme, il doit travailler à communiquer la vie et à sauver l'âme de ses frères « Nous vous annonçons la vie éternelle, » disait saint Jean.

Le Ministère est particulièrement compliqué dans notre Eglise, et de nos jours où la vie se complique en général de plus en plus. Il faut étudier, pour bien connaître les attaques de l'incrédulité et y répondre ; soigner sa prédication, visiter les membres d'un troupeau souvent dispersé, aller auprès des malades et y retourner, car on n'est pas toujours accueilli de prime-abord ; instruire sérieusement les enfants et les catéchumènes, l'avenir de l'Eglise ; donner aux malheureux des conseils et des secours. Il faut même s'occuper de choses qui ne rentrent pas directement dans le Ministère : pourvoir des gens sans place, concilier les familles divisées, remplir des devoirs de société, se joindre aux efforts tentés hors de notre Eglise pour répandre l'instruction, pour améliorer la condition des classes malheureuses, n'être et ne se montrer indifférent à rien de ce qui est bon, ne point se retrancher dans son Eglise comme dans une petite citadelle, que l'on ne voudrait pas plus ouvrir aux autres qu'on ne consentirait à en sortir

(1) I Cor., XIII, 1.
(2) Colos., III, 3.

jamais. Il faut encore s'occuper de sa famille, puisque nos Pasteurs ont une famille, ce qui est une de leurs gloires et de leurs forces, car ils sont ainsi des hommes complets, des chrétiens complets. Leur famille est leur premier troupeau. Elle recommande et confirme leur Ministère, ou elle l'entrave et le discrédite ; car, si l'on regarde au Ministre de Jésus-Christ, on regarde aussi beaucoup à sa famille. Tel Ministère fidèle, zélé, distingué même, s'est vu frappé de stérilité par la famille du Pasteur.

Indiquerai-je les complications qui proviennent des nécessités matérielles de la vie ? La stricte obligation d'avoir beaucoup d'ordre, d'économie, souvent même de chercher dans certains travaux un accroissement de ressources ou une diminution de dépenses. Il y a là des préoccupations, dont on ne doit pas fatiguer les autres, contre lesquelles il faut réagir, mais qu'on ne saurait s'empêcher d'éprouver, quelquefois pour le moment présent, surtout pour l'avenir des enfants. On a renoncé à leur acquérir ou à leur laisser des richesses ; mais il faut les élever, les bien élever.

Comment trouver le recueillement nécessaire dans une vie si compliquée ? Et comme on serait tenté peut-être de se dire : Heureux les moines dans leur solitude où ils contemplent à loisir les célestes réalités ! Heureux les prédicateurs catholiques dans leurs retraites où ils étudient et préparent soigneusement leurs discours ! — Mais non, il faut vivre de la vie d'ici-bas en même temps que de la vie éternelle, annoncer celle-ci en parant aux nécessités multiples de celle-là. Ce qui rend le recueillement plus difficile est aussi ce qui le rend indispensable. S'il est nécessaire, il est possible. Seulement, il faut de l'énergie et de la persévérance, un bon emploi du temps, l'absence de tout égoïsme, une grande foi et un grand amour, enfin le goût du recueillement que l'on peut trouver même au milieu de l'action, de l'agitation, du bruit de ce monde, car Dieu est en nous, et, béni soit-il ! nous pouvons le trouver partout et toujours.

Rappelle-toi, mon fils, les anciens Pasteurs de nos Eglises, accomplissant leur œuvre sous la croix, au désert, à travers tant de fatigues et de périls, parcourant à pied de grandes distances, obligés de se cacher, soutenant des assauts redoublés, et dont plusieurs ne furent pas seulement des Pasteurs dévoués, actifs, d'intrépides missionnaires, mais des prédicateurs distingués et puissants, d'infatigables controversistes, de savants et féconds théologiens.

Souviens-toi de Luther qui, au milieu d'une vie si pleine et si tourmentée, résistant aux attaques et aux embûches de tant d'ennemis coalisés, savait consacrer à la prière les trois meilleures heures de la journée ; et de Calvin qui, dans un corps frêle et maladif, accomplit tant et de si grandes choses, prêchant et donnant des leçons tous les jours, gouvernant Genève, agissant sur la Réforme en tous lieux, entretenant une correspondance si étendue, laissant enfin tant de livres, magnifiques monuments de ses études et de ses veilles.

Regarde aux Apôtres; regarde surtout à Jésus-Christ. Quelle vie que la sienne! Que n'a-t-il pas fait? Aussi, quel sillon il a creusé! — Et il ne passa que trois ans et demi dans l'exercice de son Ministère! — Et qui vécut comme lui dans la Communion avec le Père céleste?

C'est là qu'il te faut aller toujours retremper ta vocation, et te rendre capable d'annoncer aux autres la vie éternelle en l'entretenant dans ton propre cœur.

Cette vie, c'est la vie de Dieu : une vie d'amour, de dévoûment, de sainteté.

On ne saurait être chrétien, surtout Pasteur, sans aimer. « Simon, fils de Jean, m'aimes-tu (1), » demanda par trois fois Jésus à l'apôtre infidèle, avant de le rétablir dans la charge dont il s'était rendu indigne par son lâche reniement. « M'aimes-tu? » Telle est la grande question que le Seigneur pose à celui qui veut s'enrôler pour son service, et qu'il t'adresse d'une manière particulièrement solennelle en cet instant, ô mon fils : « M'aimes-tu? »

(1) Jean, XXI, 15 à 17.

Ton cœur, n'est-ce pas, lui répond : « Seigneur, tu sais toute chose, tu sais que je t'aime. » Et c'est dans cette assurance que nous allons te conférer, en son nom, le soin de « paître ses brebis. » Car tu ne pourrais t'acquitter de ce Ministère, si tu n'avais pour Christ un ardent amour, capable d'engendrer dans ton cœur un grand amour pour les âmes. Là même, tu trouveras une cause de souffrances. Il en est toujours ainsi de l'amour vrai, justement appelé sympathie. Plus tu aimeras ton Sauveur, plus tu souffriras de le voir méconnu, repoussé. Plus tu aimeras les âmes, plus tu souffriras de les voir s'obstiner à leur perte, en refusant la vie éternelle que tu as à leur annoncer.

Mais cet amour te rendra capable de te dévouer, de faire « l'extraordinaire » que Jésus réclame de tous les siens (1), spécialement du Pasteur, appelé comme son Maître à se donner. Il faut sans doute se soigner, se ménager ; mais ce que le monde appelle imprudence est bien souvent la vraie prudence. Même en dehors des circonstances rares, comme les temps de persécutions, d'épidémies, de guerres, le Ministère est toujours un don de soi-même à Dieu et aux hommes, « une consécration ». Il ne s'agit pas d'y entrer pour y chercher une position, mais pour s'y dévouer. Sois prêt à tout, mon fils, au difficile, à l'impossible même. « Mieux vaut s'user que de se rouiller. » Notre Maître « a mis sa vie pour ses brebis (2), » et il dit : « Si le grain de blé ne meurt, il ne saurait porter de fruit. » « Celui qui perd sa vie la retrouvera (3). » Il est une manière héroïque de concevoir le Ministère ; c'est la seule vraie. Tout ce que l'enthousiasme le plus exalté ou l'ambition la plus démesurée peut suggérer à un homme dans une autre profession, n'est que la mesure exacte de ce que renferme pour le Pasteur la simple notion de son Ministère. Il ne saurait — le voulut-il — ambitionner les richesses et la gloire

---

(1) Math., v, 47.
(2) Jean, x, 11.
(3) Jean, xii, 24. Math., xvi, 25.

humaines. La seule ambition qui lui est permise, c'est de se dévouer à Dieu et à ses Frères dans l'amour. C'est son devoir et sa gloire; ce doit être sa passion.

Pour que la vie du Pasteur soit réellement consacrée à Dieu, il faut qu'elle soit conforme à la volonté du Seigneur, qu'elle soit sainte. « Ne donne sujet à personne de mépriser ta jeunesse, mais sois en toute chose le modèle des fidèles, » écrivait saint Paul à Timothée (1). Tout chrétien doit chercher à se rendre « approuvé des hommes (2), » surtout le Pasteur, car l'Ecriture exige « qu'il ait un bon témoignage, même de ceux du dehors (3). » Ainsi seulement, son Ministère peut devenir efficace. Mais d'un autre côté, le Seigneur dit à ses disciples : « Malheur à vous quand tous les hommes diront du bien de vous (4), » et saint Paul s'écrie : « Pour moi, il m'importe peu d'être jugé par aucun jugement d'homme ; — car si je cherchais à plaire aux hommes je ne serais pas serviteur de Christ (5). »

Il n'y a pas là de contradiction. Le Pasteur ne recherche l'approbation des hommes qu'en vue du Dieu qu'il sert, et des âmes auxquelles il annonce la vie éternelle ; il ne songe à la conquérir que par son dévoûment, sa loyauté, son amour, sa douceur, sa sainteté, en un mot ; et il ne permet pas aux adversaires de trouver occasion de l'accuser, « si ce n'est quant à la loi de son Dieu, » comme étaient obligés de le reconnaître les ennemis de Daniel (6).

Cette sainteté n'a rien d'étroit, d'antihumain ; bien au contraire. Et j'aime la large idée que nous en donne un chrétien au cœur généreux dans ces paroles : « Les hommes ont remplacé la sain« teté par la mutilation ; retrancher est plus facile que transfor-

---

(1) I Tim., IV, 12.
(2) Rom., XIV, 18.
(3) I Tim., III, 7.
(4) Luc, VI, 26.
(5) I Cor., IV, 3. Gal., I, 10.
(6) Daniel, VI, 5.

« mer. Mais l'Evangile ne retranche rien, ne mutile rien; il re-
« nouvelle tout. L'Evangile fait des hommes. Il veut que les
« enfants de Dieu habitent la terre, qu'ils soient époux, frères,
« citoyens; qu'ils ne demeurent étrangers ni à la science, ni à la
« littérature, ni aux beaux-arts, ni à l'amour de la patrie. Mais il
« veut que toutes ces choses soient purifiées et sanctifiées par
« l'Esprit de Dieu. Il fait véritablement toutes choses nou-
« velles (1). »

Ouvre, mon fils, ton esprit et ton cœur à tout ce qui est grand, beau, bon, moralisant, humain, dans le bon sens du mot; et coopères-y de tout ton pouvoir. Jésus ne fut jamais insensible à aucune misère. Mais occupe-toi tout d'abord, avant tout, spécialement, de ta vocation : du salut des âmes, de l'avancement du règne de Dieu; et, dans tout ce que tu feras, apportes-y l'esprit de ta vocation. Ecoute ce qu'un illustre savant se disait à lui-même, et tu comprendras combien plus tu dois te le dire :

« Etudie les choses de ce monde (écrivait dans son journal
« Marie-André Ampère) c'est le devoir de ton état; mais ne les
« regarde que d'un œil, que ton autre soit constamment fixé
« dans la lumière. Ecoute les savants; mais ne les écoute que
« d'une oreille, que l'autre soit toujours prête à écouter les doux
« accents de ton ami céleste. N'écris que d'une main, de l'autre
« tiens-toi au vêtement de Dieu, comme un enfant se tient atta-
« ché au vêtement de son père. Sans cette précaution, tu te bri-
« serais infailliblement la tête contre quelque pierre. »

Ah! comme ces paroles s'appliquent directement au Pasteur, à celui qui, « l'ayant vu, annonce la vie éternelle! »

Porteur de la vie éternelle, mon fils, quelle bénédiction ! — Mais on peut être instrument de mort, quel sujet de crainte !

Tu veux être instrument de vie. Il ne saurait y avoir d'ambition plus haute. Mais que de difficultés pour ta faiblesse !

Te parlerai-je du travail uniforme et souvent mal apprécié; du

---

(1) M. Agénor de Gasparin.

peu de résultats que l'on obtient ; de l'opposition que l'on rencontre, ou de l'indifférence plus terrible encore ; du sacrifice de certains goûts, malgré la largeur chrétienne ; de talents condamnés, semble-t-il, à se perdre ou à se rouiller ; de l'isolement auquel on est parfois appelé, après avoir goûté les charmes de la vie sociale et du commerce intellectuel ; des combats entre les doutes et la foi ; surtout de l'humiliation que l'on éprouve à se sentir au-dessous de sa charge ; de l'écrasante responsabilité que font peser sur nous ces âmes auxquelles nous avons à annoncer la vie éternelle, et dont la mort nous sera redemandée, si nous n'avons pas été fidèles (1) ; enfin, du pire des dangers, de celui qui consiste à prendre son parti de ses imperfections et de celles des autres, à s'habituer à l'insuccès, c'est-à-dire, en définitive, au mal, à la mort, — nous, porteurs de la vie éternelle ?...

Qui ne s'effraierait et ne s'humilierait en envisageant ce Ministère, dont l'excellence fait notre joie et notre douleur, notre gloire et notre honte ?

Plus on avance dans la carrière, plus cette crainte et cette humiliation vont croissant, car le Ministère toujours plus approfondi paraît toujours plus redoutable, et notre insuffisance toujours plus grande. Voir grandir l'idéal, et constater d'autant mieux à quelle distance l'on s'en trouve ! Quelle douleur, quelle honte ! — Malheur pourtant à qui ne les ressentirait pas ! — C'est qu'il rabaisserait l'idéal, ou qu'il s'enorgueillirait sottement. Malheur aussi à qui, rebuté par ces difficultés, reculerait devant la charge la plus excellente, infidèle à Dieu qui l'appelle, sans amour pour les âmes !

« La vie a été manifestée, nous l'avons vu et nous en sommes témoins. » — Va, mon fils, « annonce la vie éternelle qui était auprès du Père et qui nous a été manifestée. » Tu diras ce que l'Eternel t'aura dit lui-même (2). Tu proclameras que « Dieu était

---

(1) Ezéchiel, xxxiii.
(2) I Rois, xxii, 14.

en Christ, réconciliant le monde avec soi en ne leur imputant point leurs péchés ; » tu presseras le pécheur de « se réconcilier avec Dieu (1). » — Hâte-toi de « prêcher en temps et hors de temps (2). » Le monde a besoin de salut, et il ne le connaît pas; de vie éternelle, et il passe sans l'apercevoir. Travaille à susciter la vie de Dieu, à former des membres vivants de l'Eglise ; alors celle-ci pourra s'organiser d'une manière vivante et normale.

Certes, tu ne pourrais, surtout au milieu de la crise que traversent nos Eglises, te désintéresser des questions si importantes qui touchent à leur organisation. Tu sauras, je m'assure, poser d'abord un fondement solide, car il serait insensé de prétendre élever un édifice sans lui donner un bon fondement, et il n'en est qu'un pour l'Eglise chrétienne : « Jésus-Christ et Jésus-Christ crucifié (3). » On ne peut avoir les fruits de la vie chrétienne sans le principe, qui est la foi en Christ, l'amour pour lui, l'union avec lui. Mais, pour travailler à édifier l'Eglise, tu t'efforceras, avec le secours de Dieu, de susciter la vie, que tu démontreras par ton amour, ton dévoûment, ta sainteté. Tu voudras créer des « pierres vives (4) » pour l'édifice spirituel, car il serait insensé de songer à élever un édifice sans des matériaux propres à y entrer, et les matériaux de l'Eglise chrétienne, ce sont des chrétiens convaincus, vivants.

Annonce donc, ô mon fils, la vie éternelle qui était auprès du Père et qui nous a été manifestée.

Mais viens d'abord, et cherche la force de Celui qui peut seul t'aider dans ton infirmité et bénir tes efforts. Tourne ton cœur vers Dieu, répands devant Dieu ton cœur. Il peut seul te montrer le but à poursuivre, te pardonner si tu t'en détournes et te ramener, te relever si tu faiblis, te rendre capable d'en approcher. Tiens-toi attaché à lui, et tu pourras dire avec Ezéchias : « Un

---

(1) II Cor., v, 19, 20.
(2) II Tim., iv, 2.
(3) I Cor., iii, 11. — ii, 2.
(4) I Pier., ii, 5.

plus puissant que tous est avec nous pour nous aider (1). » Ses promesses s'accompliront à ton égard : « Nulles armes forgées contre toi ne réussiront (2). » Donne-toi complétement à lui; consacre-toi à lui tout entier.

Venez, frères bien aimés, mes collègues et mes amis, entourez de vos prières ce jeune frère, ce nouveau collègue, que plusieurs d'entre vous ont déjà traité comme un ami. Tous ensemble, renouvelons avec lui notre entière consécration à Dieu, dans cette heure solennelle, et tandis que l'Eglise a tant besoin de Pasteurs vivants, réellement consacrés à Dieu.

Vous tous, nos chers paroissiens, venez aussi; priez pour le fils de votre Pasteur; demandez à Dieu de consacrer à Lui ce nouveau serviteur, et vous-mêmes devenez tous des chrétiens vivants, des enfants de Dieu, de véritables serviteurs de Christ. *Amen.*

Unissons-nous tous, mes Frères, pour implorer le Seigneur en chantant, dans un esprit de prière :

> Seigneur Jésus, roi d'Israël,
> De ton peuple entends la prière !
> Que ton esprit, Père éternel,
> Consacre aujourd'hui notre frère !
> De ta part au pauvre pécheur
> Il prêchera la délivrance ;
> O Dieu, que ton amour immense
> Excite et réchauffe son cœur !
> Il doit combattre le péché,
> Renverser la vaine sagesse,
> Convaincre l'incrédulité ;
> Il doit soutenir la faiblesse.
> Mais il est pauvre, il est pécheur,
> Il est faible, il n'a que misère ;
> O Dieu ! que ta sainte lumière
> Vienne éclairer son pauvre cœur !

---

1) II Chron., xxxii., 7, 8.
2) Esaïe., liv., 17.

Le candidat monte en chaire pendant ce chant et prononce les paroles suivantes :

Le voilà donc sur le point de s'accomplir, ce souhait ardent de mon cœur : recevoir, de mon Père bien-aimé et de ses vénérés Collègues, la consécration au saint Ministère, dans l'Eglise réformée de France.

A quelle époque de ma vie, et de quelle manière précise, cette vocation m'a-t-elle été pour la première fois adressée? Je ne saurais le dire. Aussi loin que je remonte dans mes souvenirs, je trouve en moi cette conviction, que Dieu m'a destiné à cette œuvre-là ; j'entends retentir, au plus profond de mon être, cette parole que l'Eternel adressait jadis à Jérémie : « Avant de te former dans le sein de ta mère, je t'ai connu ; avant que tu en fusses sorti, je t'ai consacré, je t'ai établi prédicateur. » Et c'est en vain qu'avec le prophète je réponds du fond du cœur : Ah ! Seigneur Eternel, voici, je ne sais point parler, car je suis un enfant! — Ne dis point : Je suis un enfant, reprend la voix intérieure, car tu iras partout où je t'enverrai, et tu diras tout ce que je te commanderai ; ne crains point, car je suis avec toi, dit l'Eternel (1). »

Je n'ai donc point à faire ici le récit dramatique de ma vocation. Consacré à Dieu dès ma naissance par le vœu secret de mes parents, bien que ceux-ci — je leur en dois le témoignage public — n'aient jamais tenté d'exercer dans ce sens la moindre violence sur ma volonté, j'ai grandi dans la pensée que je devais être un Ministre du Seigneur. Jamais mon esprit ne s'est arrêté sérieusement à l'idée que je pusse aborder une autre carrière. Et dans cet instant où j'entre librement au service de mon Maître, je le fais avec la certitude humble, mais inébranlable, que je suis, malgré mon indignité, en conformité avec la volonté de Dieu à mon égard.

(1) Jérémie, I, 5 à 8.

Je ne pourrais pas davantage, mes Frères, vous retracer un pathétique récit de ma conversion. « Dieu est admirable en conseils et magnifique en moyens (1) ; » et si son Esprit peut terrasser un Saul de Tarse sur le chemin de Damas, et le transporter subitement des ténèbres à sa merveilleuse lumière, il procède parfois d'une manière moins soudaine, lentement, progressivement, par des secousses successives et non par une brusque révolution. C'est ainsi que la grâce de Dieu a agi au-dedans de moi. Elevé dans la connaissance des saintes Lettres et dans la pratique des devoirs de la piété, j'ai senti mon cœur s'ouvrir peu à peu à la chaleur de l'amour de Dieu, en même temps que mon esprit s'ouvrait à la lumière de sa vérité.

Est-ce à dire que l'œuvre de la Grâce n'ait trouvé en moi aucune résistance? Dieu me garde d'une semblable impiété! Elle y a rencontré ce cœur mauvais, vendu au péché, esclave du mal, qui est le cœur naturel de tout fils d'Adam, et contre la dureté de ce cœur ses traits se sont brisés trop souvent. Il y a eu, en particulier, dans ma vie certaines époques sombres, certaines périodes de chutes et de misères, dont le souvenir vient m'humilier en ce moment, et m'oblige à me confesser, en face de cette assemblée, le premier des pécheurs. Mais ce que je veux dire, c'est que, même à ces heures où je vivais loin de Dieu, et parfois sans prière, je n'ai jamais perdu, par la miséricorde infinie du Seigneur, cette conviction que, si je cédais à la tentation, c'était par ma faute; que, dans la communion avec Christ, je pouvais et je devais en triompher, qu'en Lui se trouvait le salut ; que j'étais d'autant plus coupable que j'avais été plus éclairé, et qu'il y avait enfin un Juge suprême devant lequel je devrais un jour rendre compte.

Oui, je remercie Dieu de ce qu'il a toujours conservé en moi, malgré tout ce que j'ai fait pour l'éteindre, le flambeau de la foi chrétienne. Cette foi fut d'abord tout instinctive; elle s'imposa à

---

(1) Esaïe, xxviii, 29.

moi comme étant la foi de ma famille, et de la plus grande partie des personnes avec qui je vivais. Les expériences par lesquelles je passai dès mes jeunes années la rendirent plus personnelle. Mais elle ne s'est véritablement trempée qu'après ces tristes périodes où elle fut réduite à l'état de simple croyance intellectuelle, sans influence morale sur ma vie. Aujourd'hui, enfin, après bien des chutes et bien des relèvements, malgré bien des misères encore, malgré mon extrême faiblesse — et Dieu me garde de perdre jamais ce sentiment écrasant, mais salutaire, de ma faiblesse; Dieu me garde de me persuader jamais que j'aie atteint le but! — aujourd'hui, je puis enfin déclarer devant vous, mes Frères, c'est-à-dire devant l'Eglise de Dieu, que cette foi, morte pendant trop longtemps, est vivante en moi; aujourd'hui, je puis répéter avec les habitants de Sichem : « Ce n'est plus à cause de ce qu'on m'a dit que je crois; car j'ai appris moi-même, et je sais que Jésus est véritablement le Messie, le Sauveur du monde (1). »

La foi en Jésus comme étant le Messie, le Sauveur du monde, telle est, dans son essence, la foi chrétienne. Cette foi se résoud d'elle-même en quelques articles fondamentaux.

Le premier est celui-ci : Nous sommes naturellement les objets de la condamnation divine. Dire qu'il y a un Sauveur du monde, qu'est-ce, en effet, sinon dire que le monde est perdu? Comment le monde s'est-il perdu? Je ne sais. — Je sais seulement que la faute n'en peut être imputée à Dieu, car ma conscience me rend clairement témoignage de ma propre responsabilité. Elle me déclare, avec une autorité souveraine, que je suis coupable du mal que je fais. J'en conclus donc que l'humanité s'est perdue volontairement, qu'elle a librement choisi la voie qui l'éloigne de Dieu et la mène à la mort. Et cette voie où elle s'est engagée, elle la suit maintenant sans en pouvoir changer. Non-seulement je me sens perdu, mais je me sens incapable de me sauver par mes propres forces, et les expériences que je fais me pénètrent de plus

(1) Jean, IV, 42.

en plus de cette incapacité. Ma culpabilité, mon impuissance absolue à me justifier moi-même, l'obligation où je me trouve néanmoins d'être juste, et, par suite, la certitude que je mérite la condamnation, tel est le premier article de ma foi.

Voici le second : Ce que je ne puis faire, Dieu l'a fait pour moi. Au monde perdu, Dieu a donné un Sauveur. Il n'a point laissé l'humanité descendre le courant qui l'entraînait aux abîmes ; mais il est intervenu pour que ce courant pût être remonté. Il y a une intervention de Dieu dans l'histoire, intervention directe, puissante, surnaturelle ; intervention qui s'est exercée dans la nature physique aussi bien que dans le domaine moral, lorsque Dieu l'a jugé bon. En dehors de l'action providentielle dont chaque âme humaine est l'objet, cette intervention a eu un théâtre spécial, le pays où Dieu avait placé le peuple librement choisi par lui. Elle a eu ses moments déterminés, ses ministres particuliers. Elle a eu enfin son apogée, à l'instant où l'Esprit de Dieu, non content d'agir sur les hommes, s'est incarné dans un homme, a vécu en lui. L'histoire de cet homme, en qui s'est opérée la réconciliation entre Dieu et l'humanité, de cet homme qui a pu dire : « Celui qui m'a vu, a vu le Père (1), » cette histoire est le centre de l'histoire du salut. Et cette histoire elle-même a un centre, un point précis, où, par la souffrance infinie, l'obéissance infinie et l'infinie charité du Fils, l'œuvre a été consommée, tout a été accompli. Ce point précis, cet instant décisif, c'est la Croix du Calvaire, où fut cloué l'Agneau sans tache, où expira le Prince de la vie, celui que la mort ne put retenir dans ses liens, et qui, sortant aussitôt du tombeau, apporta au monde par sa résurrection la certitude du pardon de Dieu, et lui ouvrit une lumineuse échappée sur la vie éternelle.

Mais Dieu ne s'est point borné à sauver le monde en Jésus-Christ : il intervient encore par sa grâce dans chaque âme humaine pour lui appliquer ce salut, et c'est ici le troisième article

---

(1) Jean, xiv, 9.

de ma foi. Oui, je crois, pour l'avoir senti dans mon cœur, que l'œuvre accomplie en Golgotha se répète dans l'âme de quiconque s'unit par la foi, c'est-à-dire, par le don de soi-même, à Jésus-Christ. Je crois que la foi nous communique la vie qui était en Christ, une vie pure, sainte, paisible, en harmonie avec la volonté de Dieu; une vie qui se répand au dehors en fruits de douceur, de patience, de charité; une vie qui s'alimente d'elle-même, qui n'a rien à craindre des atteintes de la mort, qui se perpétue par-delà le tombeau, et qui dure éternellement.

Telle est, mes Frères, dans ses traits essentiels, la foi chrétienne. Les Apôtres n'en demandaient pas d'autre à ceux qu'ils baptisaient et admettaient dans l'Eglise sur la simple déclaration de leur foi en « Jésus, le Messie, le Fils de Dieu (1). » Et quand saint Paul veut indiquer à son disciple Tite quels sont les dogmes qui doivent servir de fondement à la prédication évangélique, quelles sont « les choses qui conviennent à la saine doctrine, qui sont bonnes et utiles aux hommes, qui sont certaines et qu'il faut établir fortement, » il les résume en ces trois vérités : notre état naturel de péché, la manifestation de la grâce de Dieu en Jésus-Christ, et la régénération de l'âme du croyant opérée par le Saint-Esprit (2).

Cette foi repose pour le fidèle sur une expérience intime et personnelle. C'est parce qu'il a senti la puissance de Dieu en Christ triompher de sa faiblesse, qu'il croit à cette puissance. C'est parce qu'il « fait la volonté » de son Sauveur, qu'il « reconnait que sa doctrine est de Dieu (3). » C'est là pour lui l'autorité suprême, la preuve irrécusable, celle que nos Pères appelaient le témoignage intérieur du Saint-Esprit. Mais il faut aller plus loin. Ces vérités fondamentales de notre salut se présentent à nous dans un Livre, où elles sont consignées, mêlées à l'histoire même de ce salut.

---

(1) Act. VIII, 37, etc.
(2) Tite, II, 1; III, 3-8.
(3) Jean, VII, 17.

Or le Saint-Esprit nous rend témoignage, non-seulement que ces vérités sont certaines et dignes de foi, mais encore que le livre qui les renferme en est le document authentique. Ce document, du reste, est inséparable de ces vérités, qui ne se trouvent point en dehors de lui; et par là, il acquiert dans l'Eglise une autorité normative, en matière de foi et d'enseignement. Ainsi s'impose à nous la foi en l'Ecriture sainte, qui nous apparaît comme la condition nécessaire, je dirai presque la répétition sous une autre forme, de la foi au salut par Jésus-Christ, — l'une et l'autre se légitimant au cœur du fidèle par le témoignage que l'Esprit de Dieu rend à son propre esprit.

Telle est la foi à laquelle je suis parvenu, et que je veux répandre autour de moi. Et c'est parce que j'adhère à cette foi, et que je la prêcherai, que je demande à l'Eglise réformée de France de m'admettre au nombre de ses pasteurs. L'Eglise réformée de France repose, en effet, précisément sur cette foi dont je viens d'esquisser à grands traits les principales lignes. Ce n'est point une société en formation, dont les principes soient encore à déterminer, une société libre, au sein de laquelle, et au nom de laquelle, chacun puisse croire et enseigner ce que lui suggère sa conscience. C'est une société qui a son histoire — une histoire glorieuse! — qui a sa doctrine — une doctrine précise! — et à laquelle il n'est pas plus permis de répudier sa doctrine que de renier son histoire. Dès sa naissance, il y a trois cents ans, ses fondateurs se réunirent pour arrêter ses dogmes et constituer son organisation. De cette réunion sortit un monument vénérable, la Confession de la Rochelle, dont aucun de nous ne se croit tenu d'accepter tous les détails, mais dont il faut retenir le principe; or ce principe est celui-ci : le salut accordé, par la libre et souveraine grâce de Dieu, à ceux qui acceptent la bonne nouvelle du salut en Jésus-Christ, telle qu'elle est renfermée dans les Saintes Ecritures. Depuis sa première Confession de foi, l'Eglise réformée de France n'a jamais cessé de professer hautement le même principe : tous ses livres symboliques en font foi. Si je consulte les écrits de ses docteurs les plus accrédités, les actes de ses Synodes généraux, ses catéchismes et ses liturgies, je trouve partout, avec des différences de détail qu'on peut négliger, l'accord le plus complet sur les doctrines vitales. Le fondement de l'Eglise réformée de France n'a point varié, et dernièrement encore ses représentants légitimes l'ont solennellement constaté, en déclarant maintenir à sa base la foi sur laquelle elle a toujours reposé.

Si cette foi n'était pas aussi la mienne, je ne me reconnaîtrais pas le droit d'entrer au service de l'Eglise réformée de France; je n'en aurais même pas la pensée. Il y aurait d'ailleurs, à mon avis, non-seulement un grave péril, mais une infidélité notoire pour cette Eglise, à me donner le droit de parler en son nom, si je ne pouvais déclarer que j'adhère à ses principes. Et si jamais, par un malheur auquel je ne puis songer sans frémir, je perdais cette foi qui est aujourd'hui la mienne, je me regarderais comme engagé d'honneur à descendre de ma chaire, à me dépouiller de ma robe, et à sortir de l'Eglise.

Je sais que ces paroles empruntent aux circonstances actuelles une exceptionnelle gravité. Je les prononce, mes Frères, en toute connaissance de cause : Dieu est juge de la pureté de mes intentions. Mais c'est pour moi, en ce jour de fête et d'espérance, un grave sujet de tristesse et d'appréhension que de voir l'Eglise dans laquelle je vais entrer divisée sur des questions aussi capitales. Pauvre Eglise réformée de France! — J'y entre néanmoins, non pour grossir les rangs d'un parti (Dieu me préserve de me dire jamais disciple de Paul ou d'Apollos!) mais pour renforcer les rangs des soldats de Christ. Et, loin de voir un sujet de découragement dans les misères de notre situation intérieure, je ne veux me dire qu'une chose : L'Eglise est malade, travaillons à la guérir!

La situation extérieure n'est guère faite, hélas! pour nous dédommager de ce triste spectacle. Le ciel paraît bien sombre à ceux qui entrent aujourd'hui dans le Ministère. L'indifférence, l'incrédulité et la superstition se partagent nos contemporains, et surtout nos compatriotes. Pour lutter contre ces trois ennemis formidables, pour leur arracher ce pays, qui serait suffisant? Et c'est nous, si misérables, que le Seigneur envoie! Pauvre peuple de France! — Je réponds néanmoins à l'appel du Seigneur, et, loin de voir un sujet de découragement dans les misères de la patrie, je ne veux me dire qu'une chose : La France ne croit point en Christ, travaillons à la convertir!

Il y a d'ailleurs, grâces à Dieu, d'autres spectacles plus consolants vers lesquels il faut tourner les yeux.

Je regarde autour de moi. Voici des Ministres de l'Evangile, depuis longtemps engagés au service du Maître, dont Dieu a déjà béni le travail, et qui me promettent leur sympathie et leurs encouragements! Voici, au milieu d'eux, celui auquel je dois, après Dieu, d'avoir été appelé à la foi chrétienne, celui dont la voix me retraçait tout à l'heure les sublimes beautés de ma vocation, celui dont la vie tout entière sera pour moi un cher et lumineux exemple, et qui attend avec impatience l'instant où il pourra embrasser comme un frère le fils que Dieu lui a donné! Voici une assemblée de fidèles — de parents et d'amis — dont la sympathie et les prières me soutiennent devant Dieu! C'est à cela que je regarde. Et, plus loin, je regarde encore à cette paroisse que Dieu me confie, au milieu de laquelle il m'envoie commencer mon ministère, à ces âmes simples et dévouées que je devrai nourrir de la Parole de vie. Je regarde aux malades à visiter, aux pauvres à assister, aux ignorants à éclairer, aux affligés à consoler, aux pécheurs à convertir. Je regarde à la puissance de l'Evangile, puissance toujours jeune, toujours la même, pouvant toujours produire les mêmes effets avec les instruments les plus débiles. Et regardant à tout cela, considérant l'œuvre d'amour et de pardon que Dieu me confie, j'entre à son service, tremblant, mais confiant.

Oui, malgré les ombres, malgré les nuages qui s'amoncellent, c'est avec joie, je puis le dire; c'est avec un véritable enthousiasme, que je m'élance dans la carrière pastorale, non pour y chercher la gloire humaine et les succès brillants, non pour y poursuivre mes intérêts ou ma satisfaction personnelle, non pas même pour assurer mon salut éternel, — « Je voudrais être anathème, disait saint Paul, pour mes frères, à cause de Christ (1). » — mais par reconnaissance, par amour pour Celui qui m'a aimé au point de se donner pour moi !

Oui, c'est avec enthousiasme que j'apporte ici mon corps, mon intelligence, mon cœur et mon âme, ma jeunesse, mon âge mûr et ma vieillesse, et que je dépose ma vie tout entière en sacrifice sur ton autel, ô Jésus-Christ, mon Sauveur, mon Maître, mon Roi !

Le Récipiendaire descend alors de la chaire, il vient se placer à genoux devant la Bible ouverte, et le Pasteur consacrant lui adresse ainsi la parole :

Mon Frère,

Après avoir pris connaissance des certificats constatant que vous remplissez les conditions réclamées pour exercer les fonctions pastorales, après avoir entendu l'exposition personnelle de votre foi et de l'esprit dans lequel vous désirez vous consacrer au saint Ministère, — comptant sur la grâce de Dieu et sur son puissant secours pour vous rendre capable de le servir fidèlement et de concourir à l'avancement de son règne, — au nom de l'Eglise réformée de France, sous le patronage et l'autorité du Consistoire de Rouen, — nous allons, conformément à notre Discipline, et selon nos usages qui sont ceux de la primitive Eglise, vous conférer le Ministère évangélique par la prière et par l'imposition des mains.

Mais nous avons d'abord à vous faire prendre de solennels engagements en présence de l'Eglise ici assemblée, et nous vous invitons à répondre aux questions suivantes :

(1) Rom., ix, 3.

Vous promettez devant Dieu, et sur les Saintes Ecritures ouvertes devant vous, de prêcher purement et fidèlement la Parole de Dieu, telle qu'elle est contenue dans les livres sacrés de l'Ancien et du Nouveau Testament, sans y rien ajouter ni en rien retrancher, comme le commande la Bible elle-même?

Le candidat : Oui, je le promets.

En conséquence de cet engagement vous promettez d'enseigner :

Que tous les hommes ont péché et sont assujettis à la condamnation; que nul ne sera justifié devant Dieu par les œuvres de la Loi;

Que Dieu a tellement aimé le monde qu'il a donné son Fils unique, afin que quiconque croit en lui ne périsse point, mais qu'il ait la vie éternelle;

Que Jésus-Christ est mort pour nos offenses et ressuscité pour notre justification; que nous avons en lui la rédemption par son sang, savoir la rémission de nos péchés;

Que nous sommes sauvés par grâce, par la foi; que nul ne peut voir le royaume de Dieu s'il n'est né de nouveau;

Que la foi sans les œuvres est morte, et que sans la sanctification personne ne verra le Seigneur?

Le candidat : Oui, je le promets.

Vous promettez de faire, avec le secours du Saint-Esprit, tous vos efforts pour édifier l'Eglise du Seigneur, en vivant dans le siècle présent selon la tempérance, la justice et la piété, et en vous appliquant à remplir les devoirs de votre sainte vocation? Vous promettez aussi de tenir secrètes toutes les confessions qui vous seraient faites à décharge de conscience, excepté celles qui concerneraient les crimes de haute trahison?

Le candidat : Oui, je le promets.

Vous déclarez donc que vous adhérez à la foi de l'Eglise réformée de France, telle qu'elle a été constatée par le XXX° Synode général, et qui est ainsi conçue :

« Au moment où elle reprend la suite de ses Synodes, interrompue depuis tant d'années, l'Eglise réformée de France éprouve, avant toutes choses, le besoin de rendre grâces à Dieu et de témoigner son amour à Jésus-Christ, son divin Chef, qui l'a soutenue et consolée durant le cours de ses épreuves.

« Elle déclare, par l'organe de ses représentants, qu'elle reste fidèle aux principes de foi et de liberté sur lesquels elle a été fondée.

« Avec ses pères et ses martyrs dans la Confession de la Rochelle, avec toutes les Eglises de la Réformation dans leurs Symboles, elle proclame *l'autorité souveraine des Saintes Ecritures en matière de foi, et le salut par la foi en Jésus-Christ, Fils unique de Dieu, mort pour nos offenses et ressuscité pour notre justification.*

« Elle conserve donc et elle maintient, à la base de son enseignement, de son culte et de sa discipline, les grands faits chrétiens représentés dans ses solennités religieuses et exprimés dans ses Liturgies, notamment dans la Confession des péchés, dans le Symbole des Apôtres, et dans la liturgie de la Sainte Cène. »

Le candidat : Oui, je le déclare.

Par suite de ces promesses et de cette déclaration, conformément à l'usage de l'Eglise primitive, et en vertu de la charge que nous exerçons dans l'Eglise réformée de France, nous, Ministres de Jésus-Christ,

(Les Pasteurs consacrants se lèvent tous et étendent la main sur la tête du candidat.)

Au nom du Père, du Fils et du Saint-Esprit,

Nous vous autorisons à prêcher la Parole de Dieu, à bénir les mariages contractés suivant la loi, à administrer les Sacrements partout où le Seigneur vous appellera,

Et nous vous conférons le Ministère évangélique par l'imposition des mains et par la prière.

M. le pasteur Sohier de Vermandois prononce une fervente prière, dans laquelle il recommande à Dieu le jeune Ministre, implorant pour lui les bénédictions du seul Chef de l'Eglise, réclamant l'onction du Saint-Esprit, et bénissant le Seigneur qui envoie à son Eglise de nouveaux serviteurs pour annoncer sa parole.

Puis le Pasteur consacrant s'adresse de nouveau au Récipiendaire, en lui disant :

Relevez-vous, Ministre de Jésus-Christ. Vous êtes associé à nos travaux. Que la grâce et la paix vous soient données de la part de Dieu notre Père, et du Seigneur Jésus-Christ. *Amen.*

Le Récipiendaire se lève et reçoit de tous les Pasteurs l'accolade fraternelle, tandis que l'assemblée debout chante les paroles suivantes :

> Un nouveau combattant vient d'entrer dans la lice ;
> Un nouvel ouvrier se joint à nos travaux ;
> Un esclave nouveau commence son service ;
> Un nouveau marinier vient essayer les flots.
> Ouvrier du Seigneur, un vaste champ t'appelle ;
> Fort du secours de Dieu, sage de ses leçons,
> A sa divine loi soumets un sol rebelle
> Que sa main parera d'éternelles moissons.
> Matelot courageux, sur la mer de ce monde,
> Lance-toi sans murmure et vogue sans effroi ;
> Le Prince de la vie est avec toi sur l'onde,
> Et le port du salut est ouvert devant toi.

Après quoi, le Pasteur consacrant congédie l'assemblée en implorant sur elle la sainte bénédiction de Dieu.

Rouen. — Imp. Léon DESHAYS, rue Saint-Nicolas, 28 et 30.

www.ingramcontent.com/pod-product-compliance
Lightning Source LLC
Chambersburg PA
CBHW060938050426
42453CB00009B/1068